Il messaggio mai arrivato

Questa breve storia è dedicata a chi sta aspettando con ansia un messaggio.

Proprio a coloro che fissano il telefono credendo che da un momento all'altro arriverà la risposta tanto attesa. Un po' come quando si guarda la caffettiera sul fornello acceso, ma il caffè non viene mai pronto.

Questa breve storia è dedicata a chi spera di ricevere un messaggio insignificante. Giusto per non sentirsi in colpa di aver lasciato la conversazione senza una conclusione.

Questa breve storia è dedicata a coloro ai quali batte forte il cuore quando sentono la notifica, corrono verso il telefono, schivando la coda del cane, ma che alla fine rimangono delusi perché era solo un messaggio pubblicitario.

Questa breve storia è dedicata anche a chi riceve un messaggio, ma magari si annoia a rispondere oppure si dimentica perché presi dalle mille faccende della vita.

Questa è la realtà.

Venerdì pomeriggio
Ore 16:43

Messaggio scritto da Alfredo per Noemi

"Ciao! Come stai?

Ore 16:45

Che strano. Non sta rispondendo.

Magari è impegnata oggi…

Ore 17:30

Il tempo passa.
Come mai lei non risponde?

Alfredo aveva detto qualcosa di sbagliato?

Rilegge il messaggio, ma alla fine non aveva scritto niente di scandaloso.

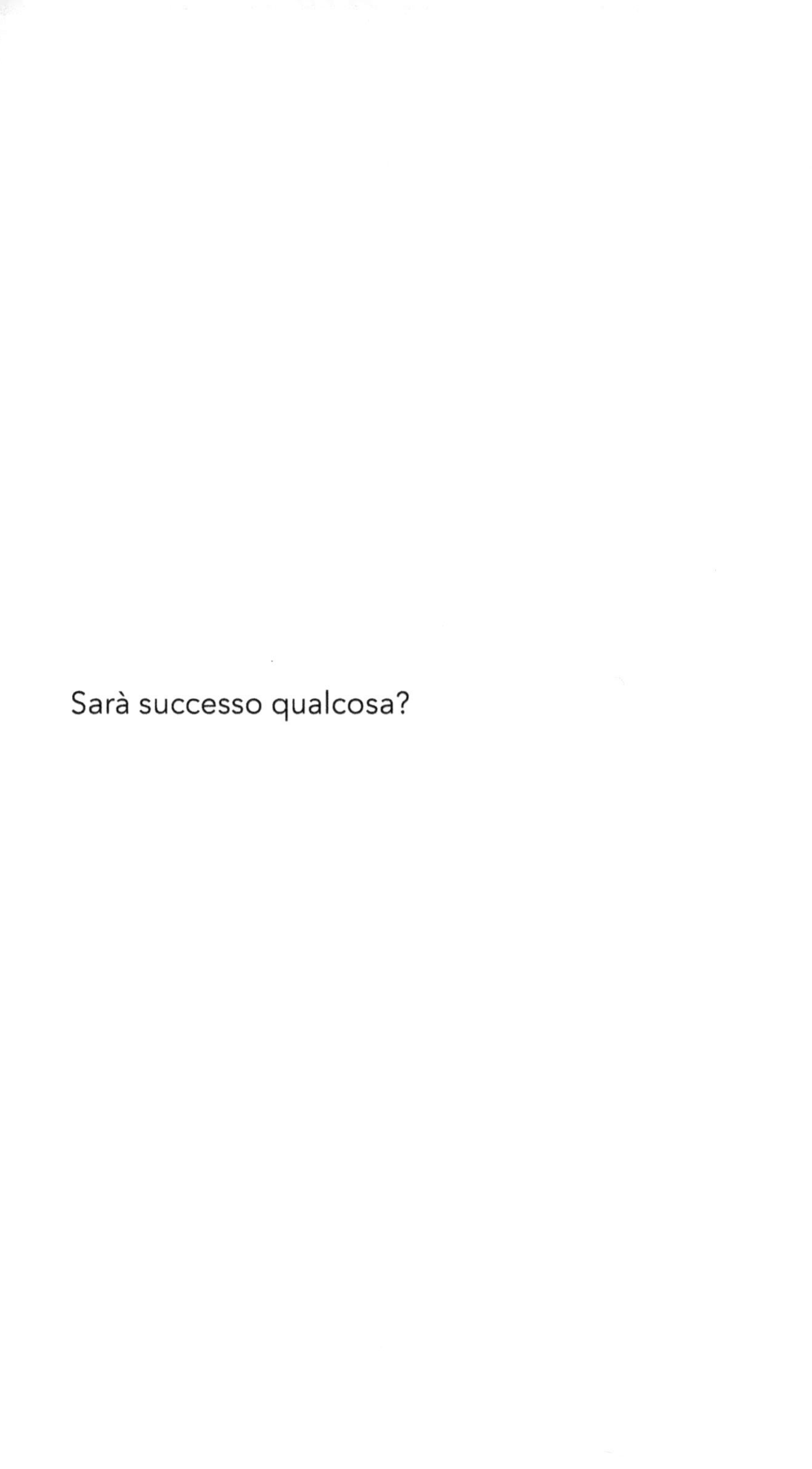

Sarà successo qualcosa?

"Che strazio…"

Ore 18:11

Lui riapre la chat, ma non trova il visualizzato.

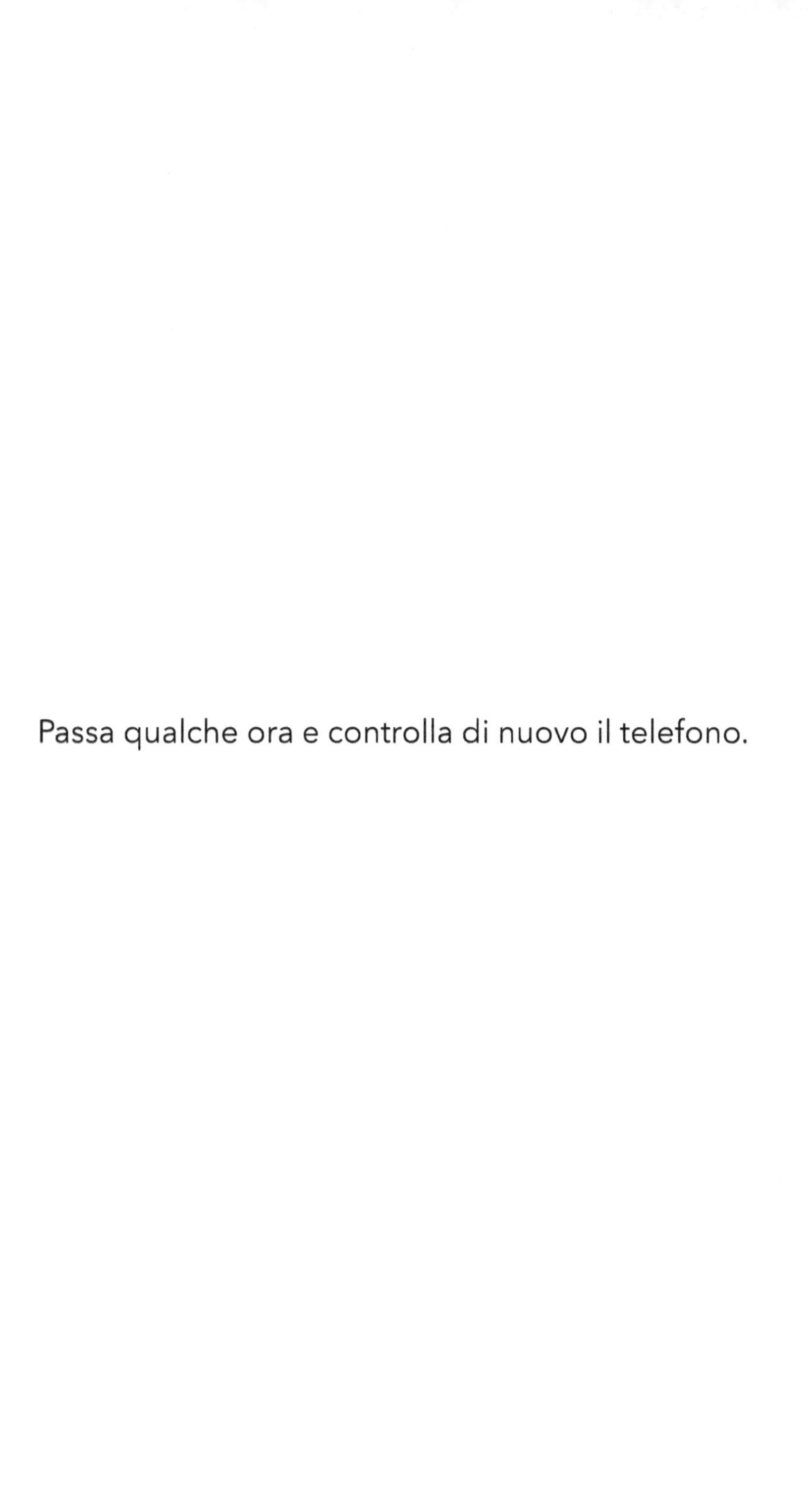

Passa qualche ora e controlla di nuovo il telefono.

Non capisce: Noemi risponde abbastanza in fretta ai suoi messaggi.

Come mai questa volta lei non dava cenno di vita?

Inizia a pensare a tutto ciò che si sono detti negli ultimi tempi.

Forse lei è arrabbiata con lui.

Ma per cosa?

Per colpa di quel messaggio inviato due mesi prima?

No, impossibile. Non sembrava che si fosse
offesa per una battuta. Alla fine scherzano sempre.

Ore 21:32

Alfredo controlla nuovamente il telefono.

Nessuna notifica da parte di Noemi.

Sono passati alcuni giorni ormai.

Lui pensa che non riceverà mai una risposta.

Inizia a pensare alle possibili teorie…

Magari le si è rotto il telefono e quindi non ha modo di leggere messaggi.

Oppure, se non il messaggio non fosse arrivato? Potrebbe essere questa la causa…

Alfredo inizia ad arrabbiarsi. Noemi ci sta mettendo troppo tempo a rispondere.

"Vedrai Noemi! Non appena risponderai, non ti scriverò subito. Così potrai capire cosa sto passando!"

Questa situazione non è più sopportabile.

È tentato a scriverle di nuovo.

Ha bisogno di certezze.

Martedì pomeriggio
Ore 14:28

Apre la chat per scrivere un nuovo messaggio.

Inizia a digitare velocemente:
"Ciao, come st"

Alfredo si ferma.

Cancella il messaggio.

È veramente il caso di scriverle di nuovo?

Riprende a scrivere e prova a cambiare tattica.

"Ciao! Scusami se ti scrivo di nuovo. Volevo solo sapere se fosse successo qualcosa di grave"

Cancella tutto.

Davvero?

Voleva seriamente scrivere un messaggio del genere?

Quale effetto potrebbe avere quel messaggio?

Forse potrebbe dare l'impressione di essere una persone pressante.

Oppure di essere una persona che si preoccupa delle altre persone.

Potrebbe infastidire un messaggio simile?

Troppi problemi.

Decide di non scrivere un secondo messaggio.

Meglio non pensarci più e dedicarsi ad altro.

Tre settimane dopo
Martedì sera
Ore 23:17

Messaggio scritto da Noemi per Alfredo

"Ciao! Scusa, mi ero dimenticata di risponderti!"

Il telefono di Alfredo si illumina per la notifica.

Lui apre la chat ed inizia a scrivere.

Martedì sera
Ore 23:41

Noemi ha la conversazione aperta con Alfredo.
E vede un scritta.

Alfredo sta scrivendo…